"Внутренний свет"

Раскройте свой потенциал

Алессио Давид Рисиоппо Парра

Об авторе:

Алессио Давид Рисиоппо Парра (родился 21 сентября 1988 года в Генуе, имеет двойное гражданство: испанское и итальянское) является продвинутым йогом, который начал заниматься йогой в возрасте 16 лет и который любит помогать людям быть счастливыми, расти и совершенствовать себя и достигать свои мечты.

Алессио Давид Рисиоппо Парра
Внутренний свет
Раскройте свой потенциал
ISBN 978-0-244-10816-8

Официальный сайт:
theinteriorlight.wordpress.com

Электронная почта для бизнеса:
theinteriorlight@gmail.com

Это официальный перевод моей книги «The Interior Light-Activate your greatness» на русский язык, в сотрудничестве с моим дорогим преподавателем Еленой Владимировной Белич: спасибо за проверку перевода.

Правовая оговорка:
- Права изображений, найденных в интернете, принадлежат их соответствующим владельцам.
- Используемые цитаты сопровождаются указанием на автора и его произведение.

БЛАГОДАРНОСТЬ

Прежде всего, я хотел бы поблагодарить моего замечательного отца за то, что он всегда присутствовал со мной и за то, что научил меня йоге. Я также хотел бы поблагодарить всех моих близких - каждый из вас является настоящим подарком в моей жизни. Я также хотел бы поблагодарить людей, которые были рядом со мной, и с которыми я делил чудесные моменты, даже если теперь наши пути разошлись. Благодаря каждому из вас, я извлёк драгоценные жизненные уроки, которые сделали меня тем человеком, которым я являюсь сегодня, и я постоянно стремлюсь к самосовершенствованию.

Алексей Давид Нинович

Содержание:

<u>ВВЕДЕНИЕ</u>

Тысячи лет назад, Лао Цзы мудро сказал: *«Путь в тысячу миль начинается с одного шага.»*

Наше путешествие вместе начинается здесь, и первый шаг этого путешествия в том, чтобы сказать Вам, мой дорогой читатель, что я люблю йогу всей душой.

Йога - самый большой подарок и самая настоящая радость в моей жизни. Между нами всегда была особая связь. Йога была, есть и всегда будет важной частью моей жизни.

Моя цель в жизни помочь людям расти и достигать свой полный внутренний потенциал. Эта книга призвана разделить мудрость и позитивный настрой в различных темах и помочь вам, мои читатели, просветить, улучшить вашу жизнь в самых разных областях жизни – в достижении лучшего понимания себя и своей жизни, включая сферу бизнеса и личных отношений. Не ищите свет вокруг себя, а ищите его внутри себя, в своей душе и становитесь светом для себя и для своих близких.

Пора начинать нашу прогулку вместе, шаг за шагом!

УНИВЕРСАЛЬНЫЙ ЗАКОН ЖИЗНИ - КАРМА

Согласно научным моделям, Вселенная много миллиардов лет назад являла собой сгусток горячей энергии до момента Большого Взрыва.

Было рождено Пространство-время. Вселенная начала расширяться. Звезды и галактики начали появляться во Вселенной.

Однажды в планетарной системе вокруг звезды под названием Солнце появилась планета, на которой, возникли все идеальные условия для того, чтобы начала существовать жизнь во всех формах своего развития.

Многие тысячи лет назад йогины обнаружили, что каждое живое существо находится под действием универсального закона, известного как «Карма». «Карма» - это санскритское слово, оно означает «действие». Карма регулирует поток жизни на энергетическом уровне - с Вашим кармическим действием Вы создаете своими руками Ваши жизненный опыт и собственные жизненные пути – всё хорошее и всё плохое, приятное и неприятное. Таким образом, каждый человек своими собственными мыслями, словами и делами лично формирует свою судьбу.

Карму, таким образом, можно рассматривать как духовный эквивалент закона Ньютона: *«На каждое действие существует своё противодействие»*. Если вы отправите позитивную энергию во Вселенную, то положительная энергия вернётся обратно к Вам. Наоборот, если Вы отправите отрицательную силу мысли, слова или действия, то отрицательная энергия вернётся обратно к Вам.

Карму часто воспринимают только как карающую силу, но это не так. Карма существует исключительно для целей образования. Карма даёт понять, что негативные действия являются неверными для вас, чтобы вы извлекли из жизни необходимые уроки и духовно выросли. Поэтому человек будет страдать, так как он сам создает себе условия для страданий.

На сегодняшний день йоге известны 12 законов кармы.

Закон Кармы № 1 - Великий Закон.

"Что посеешь, то и пожнешь"

Он также известен как закон причины и следствия. Все, что мы сообщаем нашим действиям, рано или поздно вернётся к нам. Наши мысли и действия имеют последствия - либо положительные, либо отрицательные. Если мы хотим, чтобы мир, любовь, гармония, благополучие и т.д., существовали в мире, то мы должны и действовать соответствующим образом: быть мирными, любящими, стремящимися к гармонии и прогрессу. Если же ты направишь отрицательную энергию другим людям, рано или поздно она возвратится к тебе. При этом она усилится в 10 раз, чтобы научить тебя тому, что ты действуешь неправильно.

Закон Кармы № 2 - Закон Творения   дома.

«Всё, что мы хотим в жизни, получается благодаря нашему участию в процессе жизни»

Жизнь развивается отнюдь не стихийно, она созидается нашими поступками, она нуждается в нашем участии. Наши намерения определяют эволюцию всего сущего. Жизнь, которую мы видим вокруг, была создана в соответствии с определенным замыслом о живых творениях. То, что нас окружает, дает нам ключ к разгадке нашего внутреннего состояния. Мы ответственны за то окружение, которое существует вокруг нас. Оно является отражением наших желаний. Поэтому нам следует делать все так, чтобы наши желания помогали нам получать в реальной жизни то, что мы действительно хотели бы осуществить.

Закон Кармы № 3 - Закон смирения   дома.
«Отказ принять то, что есть - все равно будет тем, что есть».
Мы должны сначала принять текущие обстоятельства, чтобы изменить их. То, что ты отказываешься принять, будет продолжаться для тебя. Если мы видим врага или человека с чертами характера, которые мы считаем негативными, мы сами не сосредоточены на более высоком уровне существования. Сосредоточение на негативе не меняет ситуацию. Сосредоточив внимание на внедрении позитивных изменений   в своей жизни, ты изменишь свою жизнь в лучшую сторону.

Закон Кармы № 4 - Закон роста.
«Люди либо растут вместе, либо растут в одиночестве. Наш духовный рост не зависит ни от каких обстоятельств».

Куда бы мы ни пошли, мы не уйдём от себя. И чтобы расти, мы сами должны измениться - не люди, места или вещи вокруг нас.

Единственное, что мы контролируем - это самих себя. Дальнейшие наши действия или наше бездействие будут порождать либо положительные, либо отрицательные обстоятельства нашей жизни. Когда мы меняем себя, когда мы меняем того, кем мы являемся в нашем сердце, то и наша жизнь также начинает меняться.

Закон кармы № 5 - Закон ответственности:

«Я не тот, за кого ты меня принимаешь. Ты такой, каким ты видишь меня. Наша жизнь - это наше личное дело, а не дело кого-нибудь еще».

Когда в жизни возникает полоса неудач и неприятностей, это часто вызывает в тебе внутреннюю бурю.

Мы отражаем то, что нас окружает. И то, что нас окружает, отражает нас. Вот почему этот закон также известен, как «Закон Зеркал».

Когда кто-то выявляет в тебе некое качество (независимо от того, хорошее оно или плохое), это означает, что данное качество находится в них самих. И если ты видишь в других людях какое-либо качество, то можно сказать, что это качество присутствует в тебе самом.

Это мощная истина, потому что, если кто-то видит в тебе нечто нехорошее, и ты не понимаешь, что именно наводит их на такие мысли, тогда тебе становится ясно, что проблема заключается в них самих - и ты чувствуешь отсутствие необходимости что-либо доказывать или убеждать их в обратном, осознавая, что им просто не дано видеть ситуацию в ином свете.

Если мы хотим изменить свою жизнь, мы должны взять на себя ответственность за все, из чего состоит наша жизнь, изменить наше настроение, наш внутренний мир, и тогда произойдут изменения в мире, который нас окружает.

Закон кармы № 6. Закон взаимосвязи.

«Все связано – и большое, и маленькое. Прошлое, настоящее и будущее - все связано между собой».

Даже если на первый взгляд то, что мы делаем, может показаться несущественным – в действительности наше прошлое, настоящее и будущее взаимосвязаны. Поэтому мы должны изменить направление нашего жизненного пути, если мы хотим что-то иное получить от жизни. Один шаг влечет за собой последующий. Чтобы решить задачу, надо сделать первый шаг к намеченной цели. В этом пути каждый шаг имеет равноценное значение - все они одинаково необходимы для достижения задуманного.

Закон Кармы № 7 - Закон Фокуса.

«Вы не можете сосредоточиться на двух вещах одновременно»

Важно уметь мыслить пошагово, сосредоточившись на решении вопросов настоящего момента. Что касается нашего духовного роста, то нам не следует вынашивать негативные мысли или совершать дурные действия, поскольку все внимание необходимо направить на достижение поставленных нами позитивных задач.

Закон Кармы № 8 - Закон самоотдачи и радушия

«Практика показывает то, чему мы научились. Она демонстрирует нашу самоотверженность и выявляет наши истинные намерения».

То, что мы заявляем как истину, должно быть подтверждено нашими действиями. Иногда наступает время, когда ты будешь стоять перед необходимостью воплотить в жизнь ту истину, которая ранее стала тебе известна. Самоотверженность является добродетелью только в том случае, если мы вмещаем в себя нечто большее, чем мы сами. Без самоотверженного состояния души истинный духовный рост вряд ли возможен.

Закон Кармы № 9 - Закон «Здесь и сейчас»
"Лови момент"

Вы не можете вернуться в прошлое и изменить то, что уже произошло. С сожалением оглядываясь назад и бессмысленно глядя вперед, мы лишаем себя возможности полностью присутствовать в единственный момент, который только и имеет значение - «здесь и сейчас». Старые мысли, стереотипы и мечты мешают тебе перейти на новый виток осмысления жизни, тем самым лишая возможности двигаться вперед и совершенствовать свою личность.

Закон Кармы № 10 - Закон Перемен
"Все в мире происходит неслучайно. История будет повторяться снова и снова, пока она не будет изменена».
История будет повторяться до тех пор, пока мы не выучим её уроки, и вполне осознано не возьмём на себя руководство нашей позитивной энергией, чтобы исправить свой жизненный путь.

Закон Кармы № 11 - Закон Терпения и Вознаграждения.
«Москва не сразу строилась. Создание чего-либо истинно ценного всегда требует терпения».
Даже самый длинный путь начинается с одного шага. Награды за продолжительные усилия требуют постоянного терпения и напряженной работы. Вы проиграете, если отступите от начатого. Награды не являются конечным результатом. Истинная, продолжительная радость наступает от осознания того, что нужно делать в правильном ожидании достойно заработанной награды.

Закон кармы N ° 12 - Закон значимости и вдохновения.
«Лучшая награда - та, которая вносит вклад в целое»
Ценность чего-либо напрямую связана с энергией и намерением, которые ты в это вложил. Вклад

каждой личности также пополняет целое. Конечный результат не имеет большого значения, если он мало или вообще не влияет на целое или способствует уменьшению объема целого.

То, что мы думаем, тем мы и становимся.
Важно всегда сохранять позитивный настрой.
Всегда быть благодарным, действовать с любовью, контролировать свои мысли, следить за своим отношением к окружающему миру и всем прощать. Позитивный, оптимистический настрой намного сильнее негативного, и тебе всегда следует видеть положительную сторону ситуации и извлекать положительные знания из уроков, которые преподносит нам жизнь. Негативный настрой может воздействовать только на тебя. Оставаясь настроенным позитивно, ты уходишь от создания своей отрицательной кармы.

Также, действуя позитивно, ты очищаешь ту негативную карму, которую ты создал ранее - этот процесс известен как «кармическое очищение». И наоборот, если твои действия наполнены негативной энергией и страхом, ты не только создаешь свою отрицательную карму, но в то же время возделываешь необходимую среду для мыслей, стереотипов и действий, которые рано или поздно станут причиной осуществления в твоей жизни всего того, чего ты боишься.
Страх - это всего лишь иллюзия, так что прими все сложившиеся обстоятельства в твоей жизни и воспрянь духом.
Жизнь - это эхо. Если твои действия и мысли

позитивны, и если ты сосредоточен на настоящем моменте, страх не может существовать.

Сказано, что мы можем выделить две основные категории кармы - индивидуальную карму и коллективную карму. Разница между ними проста. Индивидуальная карма - это та, что создана каждым отдельным живым существом, а коллективная карма - это сумма кармы, созданная группой живых существ. Интересно заметить, что коллективная карма является основой события, называемого «историческим циклом».

Анализируя ход истории, можно отметить, как человеческое общество повторяет определенные шаблоны и стереотипы действий. Это не совпадение - скорее выражение последствий коллективной кармы, созданные множеством людей в течение длительного периода времени. И эти последствия периодически начинают проявлять себя в силу соответствующих обстоятельств. В более широком масштабе - эта коллективная карма всех живых существ, оказывающая влияние на всю вселенную через разнообразные предшествующие действия многих поколений живых существ. Самая низкая точка называется «калий-юга», в которой преобладают невежество и насилие.

По мере того, как глобальная коллективная карма улучшается, вселенная входит в «двапара-югу» (в которой есть лучшее среднее понимание «пространства»), затем улучшается «тетра юга» (лучшее среднее понимание «времени») и, наконец, «сатья юга» (наивысший средний положительный фон и соответствие кармическому универсальному закону), а затем постепенно снова опускаются обратно до уровня кали на один шаг во времени. Прямо сейчас, вселенная в восходящей фазе - низшая точка кали-юги была затронута в основном вокруг Среднего века (эпоха крайнего невежества и насилия), и несколько сотен лет назад мы постепенно вошли в восходящую фазу «двапара-юги».

<u>ИНЬ И ЯНЬ</u>

Наблюдая вселенную, можно отметить множество дуальностей: горячую и холодную, влажную и сухую, вверх и вниз и т. д. И обычно к ним обычно относятся как к противоположным силам, которые не могут сосуществовать. Но если посмотреть беспристрастно на окружающую действительность, можно заметить нечто весьма интересное.

Возьмем, к примеру, категории *«горячий»* и *«холодный»*. Если говорить о «горячем», можно подумать, что огненное пламя испепеляет и уничтожает все на своем пути. А при упоминании *«холодного»* может представиться студеная зима в Сибири с максимально низкой температурой, снегом и ледяным ветром.

На первый взгляд, между этими категориями нет ничего общего. Однако, глядя глубже, становится понятным, что для того, чтобы определить , что объект является «горячим», должно существовать полярное противоположное понятие, которым в данном случае является «холодное».

Кроме того, два объекта должны сравниваться с использованием относительной шкалы. В случае с *«горячим»* и *«холодным»* единица измерения, используемая для этой цели, называется *«температурой»*. Температура выражается числом, которое связано с количеством тепла, а количество тепла определяется вибрацией и движением на атомном уровне. *«Абсолютный холод»* - это условие, при котором такая атомная вибрация и движение полностью прекращаются. И наоборот, чем выше будет вибрация атомов и интенсивнее их движение, тем больше тепла будет производиться при *«абсолютно горячем»*, при котором атомная вибрация максимально возможна. На этом уровне температурной шкалы движение атомов достигает скорости света. Но на сегодняшний день ни одно из двух экстремальных условий не было воспроизведено в лаборатории, и они классифицируются как чисто теоретические.

Теперь давайте возьмем наше Солнце... Оно «горячо», когда его сравнивают с планетой типа нашей Земли. Однако есть звезды, которые могут производить намного больше тепла, чем само Солнце, и в этом случае Солнце будет классифицироваться как «холодное» по сравнению с ними.

Именно так выражается концепция Инь-Ян. Дуальности не являются противоположностями, которые не могут сосуществовать, они, скорее, являются дополнительным аспектом единства целого. Таким образом, символ инь-ян представлен кругом, составленным двумя сторонами: половина черная, половина белая, и в каждой из них есть точка другого цвета. Это важное напоминание о том, что в любой жизненной ситуации всегда присутствуют положительная и отрицательная стороны - поэтому нам всегда необходимо сосредоточиться на позитиве и на том положительном уроке, который мы можем извлечь из той или иной ситуации. В конце концов, любовь и позитивное настроение являются самой мощной силой духовного роста и совершенствования отношений с окружающим миром.

ЖИЗНЬ - ЭТО ПУТЕШЕСТВИЕ

В таком удивительном универсальном контексте, когда-то мы появились на свет. Каждый из нас является уникальным выражением целого, в каждом из нас таится безграничный потенциал. Древние американцы верили, что Земля является «матерью» всех нас, поэтому они с большим уважением относились к нашей планете и её обитателям. Они не претендовали распространить свое человеческое владычество на сушу или на море. Они считали себя лишь свидетелями и пассажирами на этой планете.

Жизнь - это путешествие. Но путешествие каждого человека индивидуально.

Ситуации меняются. Люди приходят в нашу жизнь и уходят из нее. А мы выносим для себя ценные уроки, которые каждый день нам преподносит наша жизнь.

Один из таких уроков - *«отказ принять поток мира, который вызывает в сердце страдания и тревоги».*

В этом индивидуальном путешествии у каждого из нас есть два мощных инструмента: ум и тело, две стороны одной медали. Интересно пронаблюдать разницу между тем, как человек дышит когда он нервничает и когда он чувствует спокойствие. В первом случае каждое дыхание будет поверхностным и быстрым, во втором - каждое дыхание будет глубже и дольше. Поэтому в следующий раз, когда ты начнешь нервничать, постарайся дышать глубже, выталкивая живот наружу. А при вдохе возвращай его обратно к позвоночнику. В момент выдоха важно выдыхать воздух очень медленно. Так через некоторое время ты почувствуешь себя спокойнее - это доказательство того, что ум и тело взаимосвязаны.

Восточная медицина хорошо осведомлена об этом факте и, в отличие от западной медицины, при лечении различных заболеваний предпочитает сосредоточиться на поиске более глубоких причин болезни.

Например, возьмем болезнь, известную как «подагра». В западной медицине врачи обычно давали бы лекарство от воспалений. Но это принесло бы всего лишь временное облегчение, и в скором времени пациенту понадобились бы более сильные противовоспалительные средства.

Восточная медицина вместо этого решает проблему, изучая причину болезни изнутри, и, давая временное облегчение, предлагает возможности для предотвращения дальнейшего ухудшения здоровья.

В случае с подагрой были бы предложены некоторые изменения в рационе питания пациента и увеличении объема выпиваемой им воды, что привело бы к уменьшению отложения веществ, которые, собственно, и создают воспалительный артрит.

Йога также является мощным медицинским инструментом - есть блестящая книга на эту тему *«Йога как лекарство»* Тимоти Макколла. Я предлагаю всем обязательно прочитать это произведение.

Если взглянуть еще глубже, болезни вызваны дисфункциями в жизненно важной энергетической системе, которые, в свою очередь, вызывают образование энергетических блоков. Эти энергетические блоки могут либо воздействовать на организм непосредственно, как в случае с различными заболеваниями, связанными со стрессом (например, хроническая боль в животе или головная боль) или вызывать ослабление иммунной системы, которая в конечном итоге позволяет вирусу ноцида и бактериям инфицировать организм.

На востоке о существовании жизненной энергии известно уже несколько тысячелетий и было названо с множеством разных имен - ки, прана, ци... Было создано множество полезных приемов для исправления этих энергетических дисфункций - таких как пранотерапия / рейки, акупунктура и.т. д. На западе, Рейх смог экстраполировать эту же жизненную энергию, назвав ее *«оргоном»*, даже создав объекты, которые протекают в «пранотерапии / рейки». Их использовали для лечения критических пациентов и получали удивительные результаты.

Жизненная энергия не только влияет на здоровье тела, она распространяется гораздо шире. Жизненная энергия имеет два аспекта: один – это мужская энергия, а другой – это женская энергия. Мужская энергия связана с логикой, преодолением барьеров, совершением действий, выживанием. Женская энергия проявляется в сфере эмоций, общения, коммуникаций и исцелений.

У каждого из нас есть обе энергии внутри. По своей природе большинство людей сильнее в одном и слабее в другом из этих аспектов. Женщинами движут эмоции, мужчинами - логика. Всё, что делает и говорит женщина - результат её эмоционального состояния на момент действия. В то время как мужчины сосредоточены на поставленной цели.

Познав и поняв эту истину, возможно достичь понимания, общения без трудностей, эмоциональной связи между представителями противоположного пола, которая сосредоточена на балансе мужской и женкой энергий, а также во много определяет характер романтических отношений. Ежели у кого-то не хватает одного из типов энергий, он может усилить её с помощью примера другого человека. Но не надо полагаться на неуравновешенного человека, чтобы восстановить свою собственную энергию через ваши взаимоотношения. «Два костыля не позволяют наслаждаться приятной прогулкой». Лишь с помощью двух сильных ног вы можете сделать это.

В действительности, большинство людей сильнее в одном, и слабее в другом типах энергии. В определенных жизненных ситуациях, чтобы достичь успеха, требуется больше затрат какого-либо одного типа энергии, поскольку всякий раз обстоятельства нашей жизни не являются полностью энергетически сбалансированными.

Цель - это не достигнуть 50% на 50% баланса. Чтобы владеть своим основным ядром, мужчина обычно должен больше сосредоточиться на своей мужской энергии, а женщина на своей женской энергии. В то же время необходимо постоянно помнить о существовании этих двух энергий и в нужное время использовать их.

ОБЩЕСТВО И СОЦИАЛЬНОЕ СОЗДАНИЕ ОБУСЛОВЛЕННОСТИ

В древнем обществе, мужчины были защитниками, они защищали свои семьи от различных внешних угроз. Мужчины обеспечивали безопасность семьи, поэтому их семьи могли довериться им, зная, что в критических состояниях все члены семьи не останутся незащищенными. «Быть как за каменной стеной» означает быть в надежном укрытии от всех превратностей судьбы.

И сегодня близкие и дорогие нам люди полагаются на нас, мужчин, так как знают, что мы по-прежнему способны защитить их от всевозможных опасностей. Они знают, что их не будут унижать, что при любых обстоятельствах их защитят от опасностей и невзгод. Настоящий мужчина – это герой. Быть героем, прежде всего, означает обеспечить нашим родным жизнь, в которой бы они могли обрести любовь, понимание, эмоциональное успокоение, физическую безопасность и моральную поддержку..

По мере эволюции человечества мы перешли от сообществ кочевых охотничьих племен к более оседлому образу жизни, который повлек за собой создание первых деревень, внедрение сельского хозяйства и т.д... Тем самым постепенно формировались наши нынешние социальные структуры.

Облик современного общества состоит фактически из двух основных компонентов: с одной стороны, это капиталистическая система общественных отношений и, с другой, это воля правящего лидера в рамках определенной юрисдикции руководить подвластными ему социальными сообществами.

В идеологии этих формаций отсутствует заинтересованность в том, чтобы помочь развитию уникальных черт и талантов, заложенных в каждой личности. Правители социальных сообществ предпочитают руководить теми, кто ни о чем не спрашивает, а занят лишь проблемами личного финансового достатка. Помимо того, что такие люди приносят прибыль не только себе, но и всей аккумулирующей их системе, их поведение легко контролировать, прогнозировать, а также манипулировать их сознанием, потребностями и желаниями.

Ясное представление о механизме таких отношений можно найти в антиутопическом романе Джорджа Оруэлла *«1984»*: любой человек и все, что затрагивает *«нормальность»*, определяемую общественными стереотипами системы, становится её потенциальной разрушительной силой. Чтобы избежать появление потенциального вольнодумца, общество пытается промывать мозги людям, используя в основном два инструмента: систему образования и средства массовой информации.

Начиная с детства, социальная структура пытается внедрить в сознание каждого идеи об определенной модели жизни, где подавляются развитие творческих способностей и свобода мысли. Это, в частности, становится причиной того, что детей-левшей заставляют учиться писать правой рукой, когда такие дети приходят в школу -

левши люди, как правило, более творческие. Также и родители, взросшие в обществе с навязанными моделями поведения, пытаются промывать мозги детям, как правило, даже не осознавая этого.

В дополнение к этому механизму, средства массовой информации тоже являются мощными дополнительными инструментами формирования стереотипов и моделей поведения. Они умеют манипулировать информацией таким образом, чтобы она благоприятствовала господствующей структуре и предложенной модели «нормальности».

В угоду своим правителям теленовости, газеты и интернет зачастую являются основным генератором страха, тем самым оказывая влияние на подавляющее большинство представителей подвластных им социальных структур.

Великий механизм, которым любят руководствоваться некоторые лидеры социальных структур, отражен еще в древнем латинском военном афоризме: *«Divide et impera»* = *"Разделяй и властвуй"*. Любой организованный метод, который вызывает такое разделение, приветствуется и очень ценится некоторыми руководителем социальной структуры, способствуя разжиганию вражды, ненависти, национальной розни между различными социальными группами. Самым страшным результатом такого рода стратегий является порождение расизма и межнациональных войн.

Посмотрите на Землю: Вы видите границы, ограничивающие страны? Нет, их не существует в природе. Эти границы мнимые, искусственно установленные людьми. Этот мир создан и принадлежит каждому из нас безгранично. Но, к сожалению, географические границы - это далеко не единственные ограничения, существующие на нашей планете.

Человеческое общество создает определенные рамки и для развития личности. Часто имеет место факт формирования ложных потребностей, стремления слепо следовать определенной модели построения образа жизни (что подчас оказывается немаловажным фактором в сфере накопления капитала).

Я приведу конкретный пример: рекламные ролики. В них зачастую используется измененная версия позитивной техники йоги, называемая «аффирмация». Оригинальная методика йоги работает так: каждый день в расслабленном состоянии человек воспринимает положительные аффирмации, и они входят в его подсознание и постепенно формируют личность в желаемом положительном направлении. Звучит знакомо, не так ли? Рекламные ролики изменили этот метод, создав его негативную версию: они обычно транслируются во время демонстрации кульминационной точки ТВ-шоу, фильма, выпуска новостей и т. д., то есть, в те моменты, когда человек наиболее заинтересован и сосредоточенна просмотре. Повторение ролика из передачи в передачу приведет к тому, что сообщение войдет в подсознание и создаст ложную потребность купить рекламируемый товар, хотя в действительности человек мог бы спокойно обойтись и без него. И такое воздействие рекламы распространяется не на единицы и сотни, а на огромное количество зрителей. В результате, множество людей, подвергшихся воздействию рекламной информации, в конечном итоге начнет делать покупки навязанных им вещей, тем самым принося прибыль в казну капиталистической системы.

Многие люди попадают в ловушку социальных манипуляций и становятся похожими на «зомби»: они слепо следуют за вкусами толпы и идеями, почерпнутыми из средств массовой информации. Они живут по модели, не открывают своих истинных даров и талантов. И однажды они умрут, так и не поняв, что на самом деле они никогда по-настоящему не жили.

Стив Джобс сделал замечательную речь в Стэнфордском университете. Я рекомендую абсолютно всем ее прочитать и посмотреть.

Я процитирую лишь небольшой отрывок, чтобы мой дорогой читатель смог получить приблизительное представление о содержании этого выступления: *«Ваше время ограничено, поэтому не тратьте его на чужую жизнь. Не попадайте в ловушку догм, которые являются результатом мышления других людей. Не позволяйте шуму чужих мнений заглушать ваш собственный внутренний голос. И самое главное, имейте мужество следовать своему сердцу и интуиции. Они каким-то образом уже знают, кем Вы действительно хотите стать. Все остальное вторично. ...» (Стив Джобс)*

Мы не несем ответственность за общественную обусловленность и программирование, которые мы уже так или иначе получили, особенно будучи детьми. Однако, став взрослыми, мы на 100% полномочны и ответственны за исправление создавшейся ситуации и возвращение себе власти и контроля над своей собственной жизнью.

Как можно больше путешествуя, общаясь с людьми разных культур, размышляя, наблюдая и созерцая, можно непременно почувствовать в своем сердце то, ради чего нам действительно стоит жить.

Открой для себя свои уникальные качества характера, свои таланты, дарования и исследуй их. Пусть твой позитивный свет сияет так ярко и целенаправленно, что и другие уникальные позитивно настроенные люди точно будут определять, где и как тебя можно найти.

БОЛЬШАЯ ПЯТЕРКА - "O.C.E.A.N"

Согласно психологическим исследованиям, мы можем отметить наличие 5 основных черт - также известных как *«Большая пятерка»* (или аббревиатура O.C.E.A.N.), - которые способствуют формированию личности у человека.

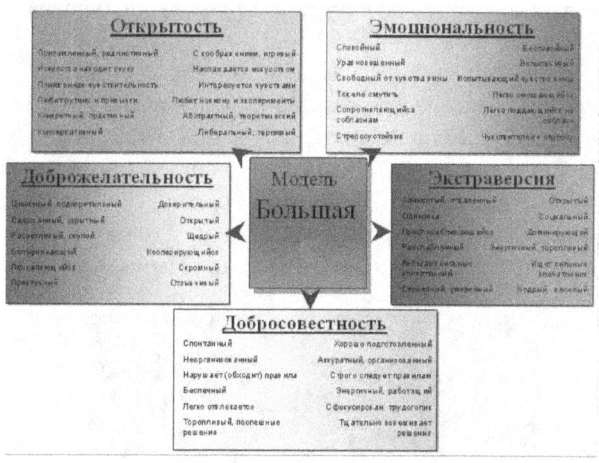

Давайте углубимся в пояснение каждой характеристики.

Открытость опыту
Эта черта относится к степени интеллектуального любопытства, творчества и разнообразия интересов, которыми обладает человек. Это также связано со степенью независимости человека. Люди с высокой степенью открытости / любители

приключений, как правило, более непредсказуемы, стремятся к самореализации посредством интенсивного приобретения опыта, и они обычно ценят искусство, приключения, эмоции, творческие идеи и разнообразные начинания.

Низкая открытость / склонность к обыденности, как правило, вызывает привычку к однообразию, четкому выполнению своих обязанностей. Люди, обладающие такой степенью открытости, ориентированы на известные данные и факты. В самых крайних случаях низкая открытость формирует замкнутую натуру, строго следующую догмам и установленным правилам.

Добросовестность

Организованный / собранный человек, как правило, ориентирован на самодисциплину, стремится к достижению поставленных целей и предпочитает тщательную разработку своих планов и действий спонтанному, легкомысленному поведению. В своих крайних проявлениях возможны несгибаемое упрямство и приступы одержимости.

Более беззаботная, легко относящаяся к жизни личность проявляет завидную гибкость и спонтанность к происходящему. Однако ее негативными сторонами могут оказаться неаккуратность и безответственность.

Экстровертность

Экстравертная личность, как правило, подпитывается внешним стимулятором (компания друзей, привлечение внимание других своим поведением, общительность).

Интровертированный / сдержанный человек, как правило, получает больше энергии благодаря тому, что ему удается оставаться в одиночестве и получать для себя внутреннюю стимуляцию. Такой тип личности иногда может восприниматься как отчужденный или поглощенный собой.

Дружелюбие

Дружелюбная личность проявляет сострадание и соучастие в жизни окружающих. Но может стать излишне наивной или покорной.

Обратная сторона этого качества - подозрительность и враждебный настрой по отношению к другим, готовность постоянно вступать в соперничество и отвоевывать правоту своего мнения.

Невротизм

Нервная личность эмоционально весьма реактивна. Она легче поддается отрицательным эмоциям и находится под их влиянием на протяжении более длительного периода времени. Ей свойственна склонность быть эмоционально неустойчивой, вдаваться в пессимизм и часто находиться в плохом настроении.

Противоположная сторона этой категории - личность эмоционально устойчивая, менее настроенная на негатив и менее реактивная. Она стремится быть спокойной, оптимистичной и свободной от отрицательных переживаний.

Люди, которые не проявляют четкой принадлежности к указанным пяти аспектам, могут считаться адаптируемыми, уравновешенными личностями. Но и их в некоторых случаях иногда воспринимают как беспринципных, непредсказуемых и расчетливых.

Дети, как правило, имеют более неустойчивую психику. В детстве женское начало закладывает определенные свойства в характер девочек, в том числе и способность к восприятию мужчин, их значению в жизни женщин. В детстве девочки видят, что мужчины являются главой семьи. Это, в первую очередь, их отец, но также может быть их дед, дядя или старший брат. По мере взросления в жизни молодой девушки наступает романтическая пора, и вместе с ней появляется любимый человек. Так, женщины, с рождения ощущают над собой мужскую власть, в которой они в течение всей жизни постоянно нуждаются.

Вот почему женщин больше влечет к мужчинам, принцип жизни которых - *«принимай или оставляй»* (иными словами, *«будь счастлива, независимо от того, ты со мной или ты выбираешь кого-то другого»*). И пусть женщины преследуют своих возлюбленных - умные мужчины позволяют женщинам приходить и уходить, как тем удобно.

Погоня за представителями сильного пола является сугубо женской чертой. Поэтому именно женщинам отводится доминантная роль в организации таких преследований, в ведении бесед, участии в разговорах во время первых встреч и свиданий. Причем мужчина, если необходимо, может совершить некое усилие в начале знакомства для создания притяжения, достаточного для того, чтобы спровоцировать женщину на такую погоню.

Возвращаясь к Большой пятерке, важно заметить, что существует диапазон между двумя крайними точками каждого признака. Но в период взросления, как правило, к своему совершеннолетию, личность становится более стабильной. Хотя, благодаря накоплению опыта и жизненным урокам, с возрастом каждая личность претерпевает определенные изменения. Таким образом, любой человек может иметь в своей природе различный набор сходств в каждой из 5 указанных характеристик. Но они не зафиксированы навечно и время от времени получают новые оттенки.

РЕЧЕВАЯ КОММУНИКАЦИЯ

Общение между людьми включает в себя три составных части – речевая коммуникация, тон голоса и язык тела.

Когда мы говорим, читаем, пишем или слушаем, то с помощью слов, в вербальной форме, мы передаем наши визуальные образы, представления, понятия и идеи. Таким образом происходит общение между людьми. Однако мы можем общаться друг с другом не только с помощью слов.

Вербальная коммуникация – это лишь верхушка айсберга: 93 процента человеческого общения на самом деле не является вербальным. Возьмем, например, тон голоса или язык тела.

Для эффективной коммуникации все 3 её составные части должны быть конгруэнтны, согласованы друг с другом, тогда нам станет намного легче понимать и оказывать влияние на других людей.

Некоторые знаки в распознавании языка тела

1. Улыбка: искренняя улыбка освещает собой все лицо, включая глаза; искусственная улыбка затрагивает, как правило, только губы.
2. Непринужденное состояние тела: ноги и руки не скрещены, ладони не сжаты в кулак. Кажется, что между участниками диалога отсутствуют всяческие барьеры. Как правило, эти знаки дают нам понять, что наш собеседник испытывает к нам определенное расположение и готов к диалогу с

нами.

Еще одним признаком взаимной симпатии является как бы зеркальное отражение, некое копирование языка тела собеседника.

3. Скованное, несвободное положение тела: скрещенные руки или ноги, использование каких-либо предметов, как бы создающих барьер между собеседниками, отведение глаз в сторону при разговоре и т.д., как правило, указывают на настороженное, недоверчивое отношению к другому человеку.

4. Ступни: о готовности собеседника прервать разговор и немедленно покинуть помещение могут дать знать его ступни - если они направлены к выходу.

5. Глаза: направление взгляда может сообщать нам, какой мыслительный канал активизируется у собеседника во время разговора. Считается, что взгляд, направленный вниз свидетельствует об эмоциональном переживании собеседника. Взгляд, устремленный вверх, говорит о визуализации идеи. Глядя вниз, собеседник конструирует образы. Если же человек смотрит прямо и вдаль, возможно, в этот момент он пытается что-либо вспомнить или запомнить. Поэтому, если взгляд устремлен вверх и влево, это сигнал визуального построения идеи. А взгляд, направленный вверх и вправо, это сигнал визуального запоминания.

В более редких случаях такая корелляция может быть не совсем очевидна. Но набор уточняющих вопросов способен всегда разрешить ситуацию и дать четкое подтверждение нашим сомнениям.

Женщина склонна посылать невербальные

сигналы, свидетельствующие, что она испытывает притяжение к мужчине и готова пофлиртовать с ним. При этом в ход идут многочисленные женские уловки, в том числе и те, которые помогает создать умение женщины пользоваться языком тела: взглядом, мимикой, жестами, голосом, смехом и т.д. Когда несколько таких сигналов присутствуют в комплексе, можно с уверенностью предположить, что ее собеседник ей далеко не безразличен.

Важность дистанции в общении.

Наблюдая со стороны, на каком расстоянии друг от друга общаются собеседники, можно определить характер их взаимоотношений, их заинтересованность друг в друге или, наоборот, полное безразличие.

Представим себе, что каждая область похожа на некую капсулу, обволакивающую человека. *«Интимная область»* соответствует капсуле, которая охватывает расстояние примерно до 45 см - в эту область обычно допускаются только очень близкие люди.

От 45 до 120 см это *«личное пространство»*, зарезервированное для человека, с которым Вы знакомы достаточно, но он не является Вашим близким другом.

Расстояние от 120 до 360 см классифицируется как *«Социальное пространство»*, зарезервированное для человека, с которым Вы знакомы в социальном плане: трудовые отношения и т.д.

Дистанция от 360 см и более – это *«общественное*

пространство», зарезервированное для публичных мероприятий и совершенно незнакомых людей.

Эти капсулы являются отражением ауры (энергетическое поле, создаваемое потоком жизненной энергии) человека.

Когда Вы общаетесь с кем-то другим, важно наблюдать, как другой человек реагирует на это общение. Нужно уметь анализировать его невербальные сигналы, язык тела, чтобы выстроить с ним правильную дистанцию, в границах которой собеседник будет чувствовать себя комфортно и непринужденно.

Важно учитывать, что люди из разных регионов и стран могут иметь разную зону комфорта - в зависимости от социальной среды и культуры, в которых они воспитаны.

3 правила для отличной беседы

Для хорошего разговора полезно запомнить 3 правила:

1) Основная тема, о которой люди любят беседовать в ходе разговора, - это они сами и все, что связано с хобби, работой, детьми и т.д.

2) Поиск общих тем в беседе с другим человеком - когда Вы затрудняетесь найти их, попросите собеседника рассказать о своей работе, интересах и т. д.

3) Разговор по своему составу напоминает многослойный торт: чтобы присовокупить новый слой, сначала добавьте какой-либо новый связующий мотив в Вашу беседу, и только после этого задавайте собеседнику очередной вопрос -

иначе разговор приобретет характер допроса.

Главное, подумайте, будет ли то, что Вы собираетесь сказать, нести правду, необходимость и смысл. Если это так, то произнесите свое высказывание, если же нет, то лучше вообще воздержитесь от своей реплики.

Искусство сетевого общения

Сетевое общение весьма и весьма эффективно - как на личном, так и на деловом уровне. Сетевые коммуникации помогают в общении, в установлении позитивных отношений с собеседником. Оно также имеет огромное значение в получении нужной важным составляющим звеном в решении сложных ситуаций. Помимо этого, через сетевое общение Вы приобретаете много новых полезных навыков, так как каждый человек, с которым Вам приходится сталкиваться в через сетевые коммуникации, будет в определенном смысле Вашим наставником, и Вы сможете многому научиться у этого человека.

Важно отметить, что сетевое общение - это не метод манипуляции, это возможность быть искренним и честным.

Потрясающая книга в этом смысле - «Как завоевать друзей и влиять на людей» Дейла Карнеги.

Хочется здесь привести ряд весьма назидательных и мудрых советов этого автора:
"В ДВУХ СЛОВАХ - МЕТОДЫ ОБЩЕНИЯ ЛЮДЕЙ:
Принцип 1 - Не критикуйте, не осуждайте и не

жалуйтесь.

Принцип 2 – Будьте честными и искренними.

Принцип 3 – Сумейте вовлечь собеседника в круг Ваших интересов».

«В ДВУХ СЛОВАХ - ШЕСТЬ СПОСОБОВ ДОБИТЬСЯ, ЧТОБЫ ДРУГИЕ ЛЮДИ ВАС ПОЛЮБИЛИ:

Принцип 1 – Проявите искреннюю заинтересованность в других людях.

Принцип 2 - Улыбайтесь.

Принцип 3 - Помните, что имя человека является для него самым сладким и самым важным звуком на любом языке.

Принцип 4 - Будьте хорошим слушателем. Поощряйте других рассказывать о себе.

Принцип 5 - Говорите с точки зрения интересов другого человека.

Принцип 6 – Дайте понять собеседнику, что Вы важны для него, что Вы искренне готовы быть ему полезным».

«В ДВУХ СЛОВАХ – Приобщайте других к Вашему образу мышления:

Принцип 1 - Единственный способ извлечь максимум положительного из ссоры - избежать её.

Принцип 2 - Проявляйте уважение к мнению другого человека. Никогда не говорите: «Вы ошибаетесь».

Принцип 3 - Если Вы не правы, признайте это быстро и решительно.

Принцип 4 - Начните по-дружески.

Принцип 5 - Немедленно позвольте другому человеку сказать «*да, да*».

Принцип 6 - Позвольте другому человеку высказываться вдоволь.

Принцип 7 - Пусть другой человек почувствует, что идея принадлежит ему или ей.

Принцип 8. Старайтесь смотреть на вещи с точки зрения другого человека.

Принцип 9. Сочувствуйте идеям и желаниям другого человека.

Принцип 10 – Направляйте беседу к благородным мотивам.

Принцип 11 - Обыгрывайте Ваши идеи.

Принцип 12 – Бросайте окружающим вызов».

«В ДВУХ СЛОВАХ - БУДЬТЕ ЛИДЕРОМ

Работа лидера часто включает в себя изменение взглядов и поведения подчиненных Вам людей. Вот несколько советов для руководителей:

Принцип 1. Начните с похвалы и одобрительной оценки.

Принцип 2. Не привлекайте внимание к ошибкам других людей - это нетактично.

Принцип 3. Прежде чем критиковать другого человека, расскажите ему о своих собственных ошибках.

Принцип 4 – Не отдавайте жестких приказов, а пытайтесь умело задавать вопросы, чтобы дать понять Вашему подчиненного, что именно от него требуется.

Принцип 5 – Личное достоинство Ваших подчиненных превыше всего.

Принцип 6 - Хвалите любое, даже малейшее улучшение. Не скупитесь на сердечные одобрения и будьте щедрыми на похвалы.

Принцип 7 – Отзывайтесь только положительно о своих подчиненных, чтобы у них был стимул соответствовать высокой оценке, высказанной в их адрес.

Принцип 8. Не забывайте о подбадривать других, и в случае их ошибки, делайте вид, что она легко исправима.

Принцип 9. Исполняя Ваши задания, пусть Ваш подчиненный поймет, что от этого он каждый раз становится счастливее».

«СЕМЬ ПРАВИЛ, ЧТОБЫ СДЕЛАТЬ СЧАСТЛИВУЮ СЕМЕЙНУЮ ЖИЗНЬ:

Правило 1: Не ворчите, не придирайтесь, не пилите друг друга.

Правило 2: Не пытайтесь переделывать друг друга.

Правило 3: Исключите критику и негативное оценивание Вашей совместной жизни.

Правило 4: Выказывайте признательность друг другу.

Правило 5: Не зацикливайтесь на недостатках.

Правило 6: Будьте любезны и обходительны друг с другом.

Правило7: Прочитайте хорошую книгу о сексуальной стороне брака».

(Подробную информацию о каждом принципе см. в книге Дэйла Карнеги)

Как быстрее освоить новый язык

Мне посчастливилось родиться в двуязычной семье, поэтому с детства моими родными языками являются испанский и итальянский. Таким образом, будучи ребенком, я узнал, как в разговоре переходить от одного языка к другому. И по сей день это облегчает мне изучение новых языков. Это одно из моих любимых занятий, ведь это очень весело и замечательно.

В знании иностранного языка мы можем отметить 6 уровней: «А1», «А2», «В1», «В2», «С1», «С2».

Уровень «А1» - самый низкий уровень. Уровень «С2» - самый высокий.

В целом, уровни "А1" и "А2" могут быть классифицированы как начальный уровень знания языка, уровни "В1" и "В2" – как промежуточный и уровни "С1" и "С2" – как продвинутый. Чтобы быстрее освоить новый язык, я рекомендую использовать метод Assimil. Это очень эффективно: Вы начинаете с чтения диалогов на желаемом языке, сопоставляя их с этими же диалогами на Вашем родном языке. и периодически на этой основе проводите уроки по грамматике и уроки повторения. На следующем этапе изучения иностранного языка Вы начинаете переводить диалоги с родного языка на желаемый язык. По завершении курса Ваш уровень будет соответствовать, примерно уровню «В2» (для стандартных книг Assimil).

Продолжайте практиковаться в изучаемом языке как можно больше. Будет прекрасно, если Вы приобретете подробную книгу синтаксиса с практическими упражнениями. Читайте литературу, смотрите фильмы и телепередачи на изучаемом языке, пытайтесь как можно больше общаться с носителями языка (для этого рекомендую Вам отличную бесплатную программу GoSpeaky) и т. д.

В определенный момент Вы овладеете изучаемым иностранным языком, достигнув уровня «С1». Так, постепенно совершенствуясь, Вы достигнете уровня «С2», когда Вы сможете абсолютно свободно не только переводить тексты, общаться с другими людьми, но и создавать свои собственные уникальные материалы на изучаемом языке.

Еще хотелось бы поговорить с Вами о прекрасном способе легко запоминать слова: это использование смешных мнемонических ассоциаций. Мой отец научил меня методу *«мнемо»* в детстве. Посмотрим, в чём он заключается. Например, Вы хотите выучить по-испански слово *«mariposa»* («бабочка»). Это слово можно разложить на два итальянских слова: *"mare"* («море») и *"posa(re)"* (ложиться). Так, итальянцы могут легко создать забавную ассоциацию: гигантская бабочка, с крыльями, окрашенными в цвета спанского флага, ложится («posare» → posa = лежать) на море («mare» → море).

Более подробные методы улучшения памяти Вы можете прочитать в книге «Как создать супер-память» Гарри Лорейн.

Сделайте вашу жизнь свободной от драмы.

С расширением сетевого общения, Вам придется так или иначе встречаться с людьми, несущими негативную информацию. Поэтому настало время рассказать Вам о таком понятии как «драма» и о том, как ее предотвратить и вычеркнуть из своей жизни.

Драма не возникает в Вашей жизни неким волшебным образом. Вы создаете её сами, своими собственными руками, открывая ей дверь в свою жизнь, либо общаетесь с людьми, которые приносят драму в вашу жизнь. Поэтому, давать позволение драме быть в Вашей жизни или удалять её из своей судьбы - это исключительно Ваше личное решение. Не позволяйте ненавистникам терзать Вас, Ваше духовное равновесие.

На самом деле ненавистники Вас не ненавидят - на самом деле они очень плохо себя чувствуют, они ревнуют Вас к чему-то, чем Вы обладаете. Но поскольку они чувствуют, что Вы в определенном смысле выше их, единственное, что они могут сделать, это попытаться сорвать Ваш внутренний баланс и довести Вас до их уровня. Не давайте им ни минуты шанса. Суждения посторонних людей о свойствах Вашего характера, а также различные мнения о Вашей персоне не определяют Вашу личную жизнь и окружающую реальность. Важно то, что Вы сами думаете о себе. Важно то, что Вы сосредоточены на своих собственных целях, мечтах и то, что Вы неукоснительно предпринимаете для этого все возможные действия.

Следовательно, наилучший выбор, который Вы

можете сделать в своей жизни, - это оценивать людей, глядя на их действия, и, исходя из этого, мудро выбирать для себя свой собственный круг общения.

Любите себя сначала. Любовь к самому себе означает, что Вы будете избегать драм, конфликтов, общения с негативно настроенными людьми и не позволите им оказывать отрицательное влияние на Ваш внутренний мир.

Поэтому Вам следует освободить свой круг знакомых от негативно настроенных людей и оставить рядом с собой только тех друзей и близких людей, которые ценят Вас, поддерживают Ваш личностный рост, и у которых также есть высокие устремления и идеи, а жизнь свободна от драмы.

Всегда следуйте трём правилам:

1. Уважайте себя.
2. Уважайте других.
3. Будьте ответсвенными за свои дейтвия.

Внутренний мир устанавливается в тот момент, когда Вы не позволяете, чтобы какие бы то ни было обстоятельства или какие-либо другие люди брали контроль над Вашим настроением, эмоциями и в целом над Вашими внутренним миром.

Роль эмоций и логики в общении

В своем общении мужчины и женщины руководствуются разными началами. Мужчины, за основу своих действий часто принимают логические доводы. В то время как женщины зачастую движимы эмоциями

Когда мужчина говорит, его суждения строятся на четком логическом видении проблемы и на конкретном, практическом решении достижения цели. Мужчины, как правило, не любят распространяться о своих проблемах. Они лучше уединятся, чтобы в спокойной обстановке самостоятельно найти решение.

С другой стороны, все что делает и говорит женщина во многом - результат её эмоционального состояний. Кроме того, женщины обычно решают свои проблемы, не скрывая от окружающих своих чувств и эмоций.

Таким образом, для более эффективного общения с представителями противоположного пола, Вам необходимо учитывать следующие рекомендации:

1. Мужчина должен сосредоточить внимание на эмоциональном состоянии женщины, её поведении, внимательно читать язык её тела, слушать, что она говорит и как себя чувствует.

2. Женщине следует сфокусироваться на дозированном выражении своих эмоций и стараться вкладывать в свои умозаключения побольше логических обоснований.

Наилучший способ узнать женщину, используя ее эмоциональный аспект, это задать ей вопрос, дать выговориться, подбадривая её в своем ответе на описание различных деталей.

Например, мужчине во время беседы следует расспросить свою собеседницу о том, как прошел ее день, попросить описать некоторые детали произошедшего за день. Было бы весьма уместно, если бы, демонстрируя свою заинтересованность, мужчина изредка повторял бы некоторые фразы или слова из услышанного, тем самым вызывая доверие и расположение у своей рассказчицы.

Таким образом, женщина будет счастлива, что в Вашем лице нашла внимательного слушателя и собеседника, а это, в свою очередь, укрепит ваши отношения.

Иногда, если женщина чем-то огорчена или расстроена, ей на ум приходят аналогичные неприятные ситуации, вызвавшие когда-то ее отрицательные эмоции, и женщина пытается тут же сделать поспешные обобщения, упрекая Вас в том, что *«Вы никогда ее не слушаете»*. При этом она не в буквальном смысле подразумевает, что *«Вы никогда ее не слушаете»* (как это воспринимает большиство мужчин), а лишь через эмоциональную реакцию обобщения прибегает к использованию этой избитой фразы

Кроме того, типичный способ, в котором женщина проверяет, действительно ли мужчина, заботится о ней – это ее ответ: «Со мной все в порядке», в тот момент, когда всем абсолютно очевидно, что она плохо себя чувствует. В таком случае мужчине необходимо сосредоточиться и попытаться распознать эмоциональную причину такого неискреннего ответа. Главное, проявить к ней в этот момент неподдельную заинтересованность, и это поможет вам преодолеть барьеры и разобщенность.

Тогда женщина почувствует психологическое

облегчение и скажет Вам, что она счастлива и беспредельно благодарна Вам.

Женщина всегда знает, на самом ли деле Вы проявляете заботу о ней или только делаете вид, ограничиваясь красивыми словами.

Все, что предпринимает женщина, она делает исключительно для того, чтобы ее действия были высоко оценены со стороны мужчины, к которому она небезразлична. Вот почему мужчине следует всегда быть благодарным и ценить усилия, которые прикладывает женщина, чтобы сделать ваше общение более ярким и запоминающимся (начиная с ее собственного внешнего вида). Не оставляйте без внимания ее старания, и это будет важным моментом в совместном понимании и гармонии ваших отношений.

СПОКОЙСТВИЕ И ИСКУССТВО ВЕДЕНИЯ ПЕРЕГОВОРОВ

Спокойствие - это самая мощная сила, дающая человеку возможность быть практически неостанавливаемой. Сохраняя спокойствие в любой ситуации, Вы можете беспристрастно оценивать обстоятельства, оценивать наилучшие возможные решения и предпринимать позитивные действия - и это действительно во всех сферах жизни, включая деловые и личные отношения. Отличный способ успокоиться - глубоко вздохнуть, как и объяснялось в главе «инь и ян», когда там шла речь об отношении ума и тела. Все в жизни - это переговóры и/или тесты, которые способствуют индивидуальному росту. Всегда будьте готовы. Большим подготовительным упражнением является техника йоги «санкальпа»: визуализируйте для себя Вашу цель, представьте ее как бы перед своими глазами - это максимально поможет подготовить ваш ум и тело для совершения положительных действий к Вашей цели. Оставаясь спокойным, Вы можете правильно оценить обстоятельства и разнообразные мнения других сторон относительно возможной сделки или для формирования необходимых соображений. Ассертивность - это также важная черта в жизни: быть прямым в выражении того, кто Вы, что Вы чувствуете и чего хотите от переговоров. Телефон должен использоваться только для того, чтобы выяснить, где и когда будет встреча, а не для предоставления информации. Поскольку Вы участвуете в переговорах, может возникнуть один из следующих сценариев:

А) Вы говорите человеку / группе лиц о том, что бы Вы хотели получить.

Б) другое лицо / сторона не желает давать Вам то, что Вы хотите, и пытается уговорить Вас, получить то, что они хотят.

Если взгляды двух сторон идентичны или имеют высокую степень сходства, соглашение будет достигнуто быстро. Иногда переговоры могут быть более длительными, когда другая сторона не уверена в сделке - в таком случае Вам следует отменить предложение и подумать, можно ли при необходимости сформулировать новое встречное предложение. Вы можете сделать еще одну попытку возобновить эти переговоры. Однако важно помнить следующее: *«Самая сильная позиция на переговорах заключается в том, чтобы не затягивать и вовремя уйти от бесплодных уговоров»* (Майкл Йон).

Если Вы слишком настойчиво пытаетесь заключить сделку, Ваши партнеры почувствуют Вашу особую заинтересованность и рвение, то есть Ваш личный интерес в обоюдном соглашении. Тогда у Вас появится реальный шанс потерять их уважение, а они приобретут рычаги влияния над Вами в этих переговорах.

Самый лучший способ закончить неудавшиеся переговоры, это просто уйти, дав понять, что Вы открыты для дальнейших деловых контактов, если в них когда-либо у Ваших партнеров возникнет интерес. Этим Вы дадите понять, что Ваша самооценка в совместных перспективных бизнес-проектах достаточно высока, и что у Вас всегда имеется нечто, что может стать объектом будущих переговоров.

ЗНАКОМСТВА И ОТНОШЕНИЯ

В последнее время резко изменилась ситуация с установлением между людьми знакомств и новых отношений, особенно с внедрением современных коммуникационных технологий. Однако главная психология полярности между мужским и женским началом при знакомстве и завязывании отношений всегда одна и та же.

Я сделаю анализ того, как обычный энергетический поток проходит в стандартной ситуации, исходя из того момента, когда мужчина больше сосредоточен на своей мужской энергии, а женщина более сосредоточена на своей женской энергии, что является типичным как минимум для 90 процентов обычных пар.

Прежде чем продолжить, я сделаю два примечания:
1) в редких случаях женщине может нравиться быть более сосредоточенной на своей мужской энергии, а мужчине – на своей женской энергии. В этом случае они могут сформировать такую энергетическую полярность между собой, что их встреча окажется весьма эффективной. Женщины, более обладающие мужской энергией, легче знакомятся с мужчинами, которые больше обладают женской энергией, и наоборот. Иначе полярность между мужчиной и женщиной не сформируется должным образом, и это станет причиной многих конфликтов - либо в управлении этими отношениями (если оба более

мужественные), либо в отсутствии эмоциональной стабильности (если оба более женственные).

2) Что касается свиданий и романтических отношений между двумя представителями одного пола, здесь ситуация будет практически такой же, за исключением того, что Вам нужно будет изменить *«мужчину»*, при этом партнер должен быть более мужским, и *«женщину»*, *«которая»* должна стать более женственной.

Сделав данные пояснения, мы можем продолжить начатый нами анализ.

В тот момент, когда мужчина и женщина встретятся в первый раз, между ними либо вспыхивает искра романтического влечения, которую можно будет в дальнейшем разжечь в пламя настоящей любви, либо между ними не происходит никакой эмоциональной вспышки. В таком случае Вам следует двигаться дальше и надеяться на встречу с другим, более подходящим Вам человеком. Все это напоминает игру с числами, в которой некоторым Вы можете понравиться, а некоторым, увы, нет.

Предположим, что искра притяжения вспыхивает, и оба либо согласовали детали своего первого свидания, либо просто обменялись контактными данными. Телефон, электронная почта, социальные сети следует использовать с целью планирования определенных встреч, а не для бесконечного общения и обмена информацией. В случае отношений на далеких расстояниях, полезно использовать телефонные или видео-приложения (например Скайп), чтобы периодически общаться друг с другом, но всегда необходимо помнить, что главная цель использования этих технологий - это согласование деталей встречи лично.

Возможны также еще два варианта развития событий. Либо женщина сразу чувствует высокий уровень притяжения и начинает активно действовать, чтобы установить контакт со своим избранником (например, сама приглашает его на встречу), либо у женщины уровень притяжения к своему потенциальному возлюбленному на начальном этапе еще недостаточно высокий, чтобы начинать поиски установления возможных взаимоотношений. В втором случае мужчине следует делать минимальное усилие, чтобы не чаще раза в неделю видеться с женщиной, пока ее интерес к нему не станет более высоким, и пока она сама не начнет искать повод, чтобы все чаще и чаще устраивать встречи со своим избранником.

Умные мужчины в период знакомств руководствуются правилом «Пусть остаются или пусть уходят», что значит *быть счастливым независимо от того, выбирает ли женщина его или уходит к кому-то другому.*

Непредусмотрительный мужчина вместо этого будет всячески стараться остановить ее выбор на себе. Он будет форсировать события и пытаться направить ситуацию в свою пользу, но все это вызовет лишь обратную реакцию со стороны женщины и заставит ее чувствовать себя некомфортно. Как только женщина начинает осознавать, что она теряет свою свободу, что она перестает быть хозяйкой ситуации, ее интерес к дальнейшему развитию отношений резко падает, и она навсегда может исчезнуть из жизни некогда понравившегося ей мужчины.

Важно помнить, что для поддержания здоровой полярности отношений между мужчиной и женщиной, следует чтобы один из партнеров был более сосредоточенным на мужской энергии, а второй человек - на женской энергии. Иначе притяжение будет постепенно уменьшаться и в конечном итоге вообще сойдет на нет.

Свидания дают возможность хорошо провести время и наслаждаться обществом друг друга, не превращаясь при этом в терапевтов. Каждая тема разговора должна быть веселой и позитивной, так как женщины запоминают свои эмоции от общения с мужчинами.

Также во время встречи большую часть разговоров следует оставить для женщины, мужчина лишь играет роль внимательного слушателя.

Иногда разговор может затронуть некоторые негативные аспекты, но задача мужчины как можно быстрее переключиться на более светлые ноты в данной беседе, и затем перейти к более отвлеченным, положительным темам. Обсуждать серьезные проблемы следует лишь после того, как знакомство переходит в более стабильную и устойчивую фазу.

Любовь подчас становится игрой и забавой. В такие минуты относитесь к женщине так же, как к

Вашей маленькой сестре. Вы ее очень любите, но в то же время любите дразнить ее и играть с ней. Игривое подшучивание - это всегда лучшей способ поднять друг другу настроение. Умный мужчина всегда воспользуется теми знаками и сигналами, которые проявляются со стороны женщины во время разговора. Вот почему важно уметь понимать не только саму речь, но и язык тела.

Хорошие правила усиления физического влечения:

1) прикосновение к женщине уместно, когда она сама подводит к этому(при помощи невербальных сигналов привлечения таких, как толкание мужчины, или, если она сознательно дотрагивается до себя). Прикосновение должно сохраняться до тех пор, пока женщина не отклоняет касание - ожидание следующего приглашение снова коснуться женщины, это способ, который женщины используют для тонкого тестирования, если мужчина преследует ее больше, чем она преследует его - а как было сказано ранее, преследование является женской чертой, чрезмерное преследование со стороны мужчины приведет к отказу в долгосрочной перспективе.

2) Когда она будет готова к тому, чтобы ее поцеловали, она отправит четкие невербальные подсказки. Иногда она может даже сама поцеловать, в случае высокой привлекательности и прямой личности, но обычно женщина редко делает первый шаг.

3) Поцелуи приводят к дальнейшему этапу, и тут уже мужчина берет инициативу на себя, предлагая женщине пойти в более укромное место (например, к нему или к ней домой), чтобы выпить что-то вместе. В этом укромном месте, имея в виду стратегию "два шага вперед, один назад", мужчина постепенно наращивает физическое влечение, так как она готова и открыта ему, и продолжает налаживать контакт, если она временно отступает, до тех пор, пока женщина не будет чувствовать себя полностью готовой - и они вступают в половую связь.

В среднем большинство женщин готовы переспать с мужчиной на втором или третьем свидании - процесс может ускориться, если свидание будет проходить в 2/3 разных местах, давая ощущение нескольких свиданий. Обычно после нескольких свиданий женщина выйдет на связь менее чем через неделю, так как ее симпатия к мужчине растет, поэтому она начинает активно преследовать мужчину, и в этот момент мужчине следует просто сидеть сложа руки и использовать эти возможности для планирования конкретной даты для последующих свиданий.

В течение двух первых месяцев знакомства женщина может придумать настоящее испытание: она исчезнет на неделю, даже если все замечательно. Это просто способ проверить, нуждается ли в ней мужчина. Таким образом, она потенциально рискует потерять свою свободу, если она собирается продолжать знакомство с ним. А в худшем случае, мужчина может стать ее преследователем, особенно если он силен и сосредоточен на своей мужской и жизненной цели.

Правильный выход в этом случае - спросить её на следующей неделе, как она себя чувствует и не создавать драмы из сложившейся ситуации. Женщины подсознательно или сознательно склонны испытывать мужчин, когда начинают ощущать к ним романтические чувства. Это делается для того, чтобы проверить, сосредоточен ли мужчина на своей избраннице или нет. По мере того как притяжение женщины к мужчине будет набирать силу, такие испытания станут проще и легче. Но если ее притяжение начнет гаснуть, женщина будет устраивать все более трудные и тяжелые испытания.

Если все делать правильно, то, по меньшей мере, в течение двух первых месяцев знакомства женщина будет пытаться хотя бы раз в день пообщаться со своим любимым и сказать ему, что влюблена в него и что желает быть для него уникальным и неповторимым человеком, поскольку этот мужчина стал ее эмоциональной опорой и поддержкой. Только в том случае, если мужчина возьмет на себя функцию серьезного лидера отношений, женщина сможет быть игривой и беззаботной в своей женственной энергии, полностью полагаясь на сильное мужское плечо. По взаимному согласию, знакомство либо продолжается и переходит в крепкие, долгосрочные отношения, либо просто заканчивается деловым дружеским общением.

Истинная любовь - это свобода. Цель любого рода личных отношений – желать и давать возможность близкому человеку быть счастливым и не останавливаться в самосовершенствовании.

Но необходимо иметь в виду, что в долгосрочных (эксклюзи́вных) отношениях большинство мужчин совершают две фатальные ошибки: одна из них заключается в том, что они перестают быть благодарными и прекращают ухаживать за женщиной должным образом, а во-вторых, они не знают, как правильно общаться со своей женщиной и постоянно раскрывать источник ее женственной энергии.   В результате женская энергия в женщине начинает угасать и все больше и больше преобразовываться в мужскую энергию. Это, в свою очередь, приводит к тому что полярность между мужчиной и женщиной начинает медленно рассеиватьсяи в конце концов вообще исчезает.

Легко заметить, когда это происходит: обычно такие пары носят похожую одежду, женщина перестает заботиться о своем внешнем виде; она начинает быть лидером отношения вместо своего мужчины, и вы даже можете уловить на ее лице оттенок обиды на своего мужчину за его слабость. Итогом становится полное охлаждение и разрыв отношений. Иногда, в том случае, если есть дети, пара будет сохранять видимость благополучия, но страсть и влюбленность друг в друга, увы, исчезают безвозвратно.

Женщина, которая счастлива своими

романтическими отношениями, очень заботится о собственном внешнем виде, она тщательным образом следит и ухаживает за собой. И вы можете пронаблюдать, как она естественна, игрива и беззаботна в компании своего мужчины, когда она полностью полагается на его неоспоримое лидерство.

Мужчине важно помнить и никогда не прекращать ухаживание за своей любимой женщиной (держите в памяти факты насчет коммуникации между эмоциональным и логическим умом, о которых я уже упоминал).

Иногда отношения могут прийти в тупик, даже если взаимно прилагать максимум усилий и все делать правильно. Но. К сожалению, иногда мы не в силах контролировать и руководить обстоятельствами нашей собственной жизни, которые порой подвергают отношения между мужчиной и женщиной чрезвычайно сложным испытаниям для их продолжения. Здесь бывает важным принятие обоюдного решения о прекращении отношений: либо на определенное время, чтобы все проанализировать и привести свои чувства в гармонию, либо чтобы навсегда остаться друг для друга только друзьями. Такой сценарий прекращения отношений является самым щадящим и наиболее безболезненным.

В случае разрыва, который не стал результатом взаимной договоренности, самая оптимальная позиция для пострадавшей стороны заключается в том, чтобы не соглашаться быть только друзьями и, уходя, дать понять, что всегда возможно возобновление прежних отношений. Такой способ даст стопроцентную гарантию того, что инициатор разрыва вновь будет искать шанс начать разорванный роман если у иницатора разрыва все еще есть искра романтического интереса.

Если инициатором разрыва являетесь Вы сами, если Вы понимаете, что совершили ошибку, найдите повод связаться с тем, кого Вы оставили, извиниться за свое поведение и попросить назначить с Вами свидание. В том случае, если все пойдет не так как Вам бы хотелось, и между вами останется обида, оставьте свои контактные номера телефонов, чтобы при необходимости Вы вновь могли созвониться друг с другом, и затем уйдите. Уйдите и никогда не оглядывайтесь назад.

Люди либо растут вместе, либо растут в одиночку. Если между людьми происходит решение вступить в брак – то этот важнейший этап в жизни каждого должен быть тщательно осмыслен и продуман. Самое же главное условие брака – это то, что он должен совершаться только по любви.

СТРАТЕГИЧЕСКАЯ МУДРОСТЬ СУНЬ-ЦЗЫ

Популярная поговорка гласит: *«В любви и на войне все позволено».* Сунь-цзы был военным стратегом - вплоть до написания книги, известной под названием *«Искусство войны».* Хотя жизнь - это путешествие, а не соревнование, знание основных принципов ведения войны может быть весьма полезным в нескольких случаях (спорт, соревнования, самооборона и т. д.).

Вкратце хочется привести 36 главных стратегических приемов в искусстве ведения войны.

ДЛЯ КОМАНДНОГО СОСТАВА:

1) Обмани́те небо и переплыви́те океан: замаскируйте свои истинные цели, выдавая ложь за правду, пока вы не достигнете того, к чему стремитесь на самом деле: постоянные ложные тревоги будут так раздражать врага, что он ослабит свое внимание и распустит стражу. В это момент вы и предпримете настоящий ход.

2) Осади́те Вэй, чтобы спасти Чжао: вместо лобовой битвы с сильным врагом, избегайте этого и наносите удары по его слабым точкам (как, например, делал бы слабый союзник)

3) Избавля́йтесь от противника не своим ножо́м: наносите урон вражеской стороне, подключая третью сторону или провоцируя гражданскую войну.

4) Замени́те досу́г военной подгото́вкой: держите свои войска в хорошей форме и в боеготовности, в любое время ваш противник может нагрянуть и покончить с вами. В идеале – ваш враг будет вынужден постоянно сражаться с сильным и крепким противником и, будучи ослаблен и истощен, потерпит поражение, после чего вы поступите с ним по своему собственному усмотрению.

5) Выносите добычу из горящего дома: лучшее время для атаки противника - это когда у него скопились проблемы, на которых он сосредоточен и с которыми он пытается справится. В это время его внимание расфокусировано. Однако вы должны быть осторожны, чтобы и вам не попасть в ловушки горящего дома.

6) Бейте тревогу на Востоке, атакуйте на Западе: заставьте врага сосредоточить свои силы в другом месте, а затем приступите к атаке тех его позиций, которые будут наименее защищены. Хитрость и эффект неожиданности являются решающими факторами ведения войны.

ДЛЯ КОНФРОНТАЦИИ

7) Создайте проблему из ничего: заставьте поверить, будто бы что-то произошло, хотя на самом деле ничего не было или наоборот. Проиграв один-два раза, враг не захочет в третий раз попасть к вам на крючок - и именно тогда настанет момент вам переходить к атаке.

8) Делайте вид, что вы ведете ремонтные работы на своей дороге, но сами подбирайтесь к врагу с неожиданной стороны:

обманите противника, выдавая свои ложные намерения за правду, тем самым выигрывая время. Это даст вам возможность неожиданно появиться перед врагом или отвлечь его внимание какой-либо новой хитростью.

9) Наблюдайте за огнем с противоположного берега или сидите на горе и наблюдайте за сражением тигров: *идеальный момент для выхода на поле битвы - когда все другие игроки истощены, сражаясь друг с другом – именно этот момент для вас является идеальным, чтобы в полную силу начать наступление на стан врага и забрать добычу.*

10) Спрячьте нож за улыбкой: *очаровывайте врага и старайтесь понравиться ему. И как только вы войдете к нему в доверие, тайно начинайте бороться с ним.*

11) Сберегите дерево персика, пожертвовав деревом сливы: *жертвуйте краткосрочными целями, чтобы достичь отдаленной победы.*

12) Не упускайте возможность украсть козу: *составляя свои планы, будьте достаточно гибкими, чтобы воспользоваться преимуществами любой ситуации и получить свой выигрыш, даже если он казался бы совсем не значительным.*

ДЛЯ АТАКИ
13) Ударьте по траве, чтобы напугать змею: *сделайте что-нибудь без определенной цели, но с чрезвычайным внешним эффектом, чтобы взбудоражить противника и заставить его отказаться от своих планов и имеющихся позиций.*

Предприняв что-либо необычное, непредсказуемое и необъяснимое вы спровоцируете подозрение со стороны вашего врага и введете его в недоумение. Однако будьте предусмотрительны - неосторожный поступок может выдать ваше местоположение и раскрыть ваши истинные намерения.

14) Возьмите труп, чтобы воскресить душу: *вдохните новую жизнь в давно забытое прошлое, задайте актуальную цель или усовершенствуйте его, чтобы оно стало полезным для вас.*

15) Заставьте тигра выйти из своего убежища: *выманив врага из укрытия, вы лишите его не только многих преимуществ, но и источника его силы.*

16) Прежде чем окончательно поймать свою жертву, дайте ей ощутить свободу: *жертва, загнанная в угол, будет из последних сил пытаться атаковать вас. Пусть вместо этого враг считает, что у него все еще есть шанс на спасение.*

17) Бросьте кирпич, чтобы привлечь Джейд обратил на вас внимание: *заманите кого-нибудь, заставив его поверить, что он получит от вас что-то полезное или просто заставьте его отреагировать на ваши действия. Тем самым и вы сможете получить от него что-либо ценное взамен.*

18) Чтобы захватить бандитов, захватите их вождя: *если армия противника является мощной, но солдаты следует за своим начальством только из-за денег или из страха – ликвидируйте* *руководство этой армии, и оставшиеся войска разбегутся или перейдут на вашу сторону. Если же они служат своим вождям из чувства верности и преданности, остерегайтесь того, что такая армия может из мести продолжать сражаться с вами и после смерти своих руководителей.*

ДЛЯ КОНФЛИКТНЫХ СИТУАЦИЙ

19) Украдите дрова из-под горшка: *Раскройте главные аргументы и планы вашего врага, чтобы лишить его рычагов и ресурсов, необходимых для борьбы с вами.*

20) Размешайте воду, чтобы поймать рыбу: *создайте ложную тревогу и панику, воспользуйтесь неразберихой, которая сразу же возникнет и вызовет ослабление защиты со стороны противника. В этот момент вы можете без труда добиться вашей цели.*

21) Снимите с цикады золотой панцирь: *создайте иллюзию того, что вы достигли своей цели – тем самым вы дезинформируете вашего противника.*

22) Закройте дверь, чтобы поймать вора: *если у вас есть возможность полностью одолеть врага, не задумываясь, идите в бой – так вы достигните быстрого окончания войны с вашими противниками.*

23) Нападайте на соседние страны, но при этом сохраняйте дружбу с отдаленными

государствами: ваши друзья из самых отдаленных мест могут неожиданно прийти к вам на помощь и стать вашими союзниками в борьбе с теми, от которых вы никогда не ожидали угрозы.

24) Обеспечьте безопасный вход, чтобы завоевать государство Го: *Используйте резервы союзника, чтобы одолеть вашего общего врага. Как только противник будет разбит, направьте эти ресурсы, уже на самого вашего союзника.*

ДЛЯ ПОДГОТОВКИ ЗЕМЛИ

25) Замените крепкие бревна гнилыми балками: *внесите смуту в отлаженные методы противника, вмешивайтесь в его систему действий, меняйте правила, которым он привык следовать, вступайте в противоречие с их взглядами на подготовку военного состава.*

26) Укажите на тутовое дерево, но обвините саранчу: *Чтобы дисциплинировать, контролировать или предупреждать других людей, чей статус или положение не позволяет вступать с ними в прямую конфронтацию, вам следует использовать аналогию и намеки. Избегайте прямое указание на имена: в таком случае обвиняемые не смогут принять ответные меры против вас, не выдав своего соучастия.*

27) Притворитесь безумцем, но сохраняйте свое внутреннее равновесие: *спрячьтесь за маску глупца, пьяницы или сумасшедшего, чтобы никому не были ясны ваши истинные намерения и мотивы.*

28) Заманите противника на крышу, а затем

уберите лестницу: *заполучив* *противника* *в* *труднодоступной* *местности,* *вы* *сможете* *отрезать ему все пути к отступлению.* *Чтобы* *спастись, он должен будет сражаться не только* *с вашей армией, но и преодолевать природные* *барьеры.*

29) Украсьте дерево фальшивыми цветами: *с* *помощью* *хитрости,* *искусственной* *подделки* *и* *обмана* *выдайте* *что-то* *не* *имеющее* *никакой* *ценности за нечто драгоценное; выдайте то, что* *не* *представляет* *угрозы* *за* *опасность;* *выдайте* *бесполезное за исключительно полезное и нужное.*

30) **Смените** **роль** **хозяина** **на** **роль** **гостя:** *возьмите власть в свои руки в той ситуации, в* *которой* *вы* *обычно* *являетесь* *второстеренным* *лицом.* *Внедрите* *свою* *цель,* *изображая* *роль* *подчиненного.* *Когда* *ваша* *цель* *будет* *принята* *окружающими, начинайте развивать ее изнутри.* *Постепенно вы сами станете руководителем и* *хозяином ситуации.*

Для безвыходных ситуаций

31) Ловушка красоты: *отправьте своих красивых* *женщин в стан врага, чтобы вызвать диссонанс в* *его лагере. Во-первых, правитель, влюбившись в* *женшину,* *сразу* *же* *начинает* *пренебрегать* *своими* *обязанностями,* *чем* *дает* *повод* *своей* *армии* *расслабиться.* *Во-вторых,* *среди* *прочих* *мужчин начнет проявляться агрессивный настрой,* *который повлечет за собой склоки, скандалы и* *распри. Все это вызовет разлад армии и ее* *деморализацию. В-третьих, женщины из лагеря противника тоже не станут оставаться в стороне, а под влиянием ревности и зависти начнут плести интриги, еще более создавая хаос и усугубляя ситуацию.*

32) Стратегия пустого форта: *когда противник превосходит вас по численности, и ваша ситуация такова, что вы можете в любой момент сделать обоснованное предположение о своем поражении, тогда сделайте вид о вашей полной боевой готовности и действуйте спокойно. Тогда противник начнет предполагать, что у вас имеются скрытые резервы, и вы хотите заманить вражескую армию в новую битву.*

33) Пусть вражеский шпион сеет раздор в своем собственном лагере: *разрушайте результаты разведывательных операций вашего противника, либо используя его же собственных шпионов, либо внедряя ваших агентов среди вражеской разведки.*

34) Сделайте вид, что вы чрезвычайно пострадали – этим вы сможете завоевать доверие врага: *притворяясь раненым, можно попасть в две цели – во-первых, ваш противник, решив, что не представляете для него непосредственной угрозы, ослабит свой контрооль над вами; во-вторых, у вас появится шанс втереться в доверие к противнику, притворяясь, что травма была вызвана вашим общим врагом.*

35) Военные хитрости: *в решении важных вопросах следует использовать стратегических уловок, применяемых последовательно одна за другой, как по цепочке. Используйте различные* *планы, руководствуясь при этом общей схемой. Однако, если один из элементов этой цепочки не срабатывает, то рвется вся цепь, и схема действий полностью проваливается.*

36) Если все вокруг ведет к поражению, отступайте: *лучшая битва - это сражение, не требующее серьезной мобилизации с вашей стороны. Но если станет очевидным, что весь ход событий ведет к поражению, отступите и перегруппируйтесь.*

Знание этих принципов может быть полезным в различных ситуациях, поэтому вам следует спокойно и беспристрастно оценивать обстоятельства и принимать соответствующие меры. В «Искусство войны» Сунь-Цзы вы можете найти более подробный стратегический анализ военного искусства.

«Если вы знаете врага и знаете себя, то вы можете быть спокойны, если вам предстоит сражаться даже в сотне битв. Если вы знаете самого себя, но не знаете врага, за каждую добытую вами победу вы будете расплачиваться поражением. Если вы не знаете ни себя, ни врага, вы будете разбиты в каждой битве» (Сунь Цзы. «Искусство войны»)

КАК БОРОТЬСЯ С ТЯЖЕЛЫМИ СОБЫТИЯМИ ЖИЗНИ

Жизнь иногда может быть достаточно трудной. Например, я расскажу вам кое-что насчет моего деда Доменико, который умер много лет назад.

Среди трудностей, с которыми он столкнулся, наиболее важным является смерть его отца, когда моему деду было всего 11 лет. С тех пор он был вынужден оставить школу и начать работать, чтобы поддержать свою семью. Он служил в армии с начала Второй мировой войны и вернулся домой через долгих пять лет. При этом незадолго до возвращения он был госпитализирован, так как, находясь на фронте во время суровой зимы, почти отморозил себе ноги. Несмотря на все, что произошло, мой дед не сломался психологически, не упал духом, а прожил хорошую и счастливую жизнь.

Лично мне тоже пришлось пережить очень тяжелый период жизни, когда чуть более чем за полгода умерли трое из оставшихся у меня бабушек и дедушек (моя испанская бабушка умерла, когда я еще был ребенком).
В то время я прочитал историю, которая чрезвычайно мне помогла: «*Когда-то в одной из восточных земель жил король. Король был очень капризным: подчас он был чрезвычайно добр и щедр со своим народом, но подчас его милость сменялась страшным гневом. Даже самого незначительного повода было достаточно, чтобы вывести его из духовного равновесия. Однажды*

короля озарила ясная мысль, и он вдруг понял, что его поведения не приемлемо для царственной особы. Поэтому он обратился к одному известному мудрецу с просьбой найти решение своей проблемы. Короля мучал вопрос, как достичь равновесия, мира и безмятежности в своей жизни, предлагая мудрецу взамен все, что тот захочет. Мудрец ответил, что цена за это была бы слишком высока, даже если бы ему предложили все королевство. Поэтому мудрец просто предлагал свое решение королю в качестве подарка, при условии, что король выполнит то, что ему будет сказано. На это король дал свое согласие, и через несколько недель мудрец вновь предстал перед ним. Мудрец подарил королю шкатулку, в которой лежало кольцо. Король был весьма удивлен. Взяв кольцо, он заметил на нем простую надпись: «это все пройдет». Мудрец объяснил, что король должен всегда носить это кольцо, и что бы ни случилось, хорошее или плохое, прежде чем оценить ситуацию, нужно коснуться этого кольца и прочитать надпись на нем Поступая таким образом, король всегда будет сохранять внутри себя мир и спокойствие".

В йоге, мы можем выразить понятие «титикша» фразой: «Боль неизбежна, но страдания можно избежать».

Внутренний мир устанавливается тогда, когда вы не позволяйте другим людям или событиям влиять на ваши чувства. Движение - жизнь, стагнация - смерть.

Люди приходят в вашу жизнь и уходят из нее.

Ситуации и обстоятельства постоянно меняются. Привязанность к ситуациям и разлтчные беспокойства и размышления, связанные с ними - корень всех ваших страданий. Единственно реальный момент, достойный размышления – это «здесь и сейчас».

Йога это поиск свободы - практикуя ее, вы научитесь медитировать и относиться к жизни так, чтобы избавляться от негативных чувств, страха и страданий.

Говоря о медитации, одна из ветвей йоги это Тантра, которую на Западе часто недопонимают. Тантра - это нечто большее, чем сексуальные техники, которые несомненно являются её частью. Занятие сексом замечательно не только из биологических соображений, но также и потому, что это форма медитация, и тантра глубоко изучают этот аспект. В ней подробно рассматриваются способы использования секса, как продвинутой комбинированной формы медитации с мужской энергией свободы, которая заключается в нарушении барьеров и удовлетворении партнера и женской энергии свободы, которая заключается в любви и связи с партнером. Сексуальные техники являются лишь одним из аспектов Тантры, но не главной её целью.

Возвращаясь к сложным ситуациям, методики Тантры дают возможности для укрепления сил и мудрости.

Если вы посмотрите на стрельбу из лука, то увидите, что прежде чем стрелять, вы должны поместить стрелу на лук, потянуть стрелу назад и, когда она будет готова к максимальной мощности выстрела, прицелиться в цель и лишь потом выпустить стрелу.

Точно так же происходит, когда жизнь «тянет Вас назад» своими трудностями и проблемами. На самом деле означает, что Вы находитесь в преддверии чего-то важного. Поэтому уделите необходимое время своему горю и печали, но затем вновь встаньте, сосредоточьтесь, оставайтесь позитивными и продолжайте уверенно идти к Вашим целям и мечтам.

Если пока Вы еще не достигли такого мастерства, то однажды у Вас все получится. Вы поймете, что умеете сохранять свой внутренний мир и покой. Вы поймете, что ничто больше не беспокоит Вас, что чьи-либо отрицательные эмоции и драмы больше не могут повлиять на Вас.

Этот момент в дзен-практике называется *«точкой дзэн»*, и событие, которое приводит к достижению этого момента, будет сугубо индивидуальным и неповторимым для каждого человека. Ведь у каждого из нас свой путь.

ЗАКЛЮЧИТЕЛЬНЫЕ ВЫВОДЫ

Наше совместное путешествие по страницам этой книги заканчивается здесь. Я предлагаю Вам время от времени снова перечитывать её и использовать любой возможный случай, чтобы применить на практике то, что Вы узнали. Обращайтесь к этой книге до тех пор, пока знания, описанные тут не превратятся в Ваши обычные инстинкты.

Если Вы заинтересовались йогой и решили начать собственные занятия по йоге, рекомендую найти и прочитать великую книгу «Я изучаю йогу» Андре Ван Лисебет.

Если, прочитав мою книгу, Вы решили, что она познавательна и полезна, можете посоветовать ее всем своим родным и близким, а также оставить свой отзыв на моей странице в Фейсбук: facebook.com/theinteriorlight или в ВК: vk.com/aktiviruyte_svoye_velichiye.

Если Вам нужна личная помощь в коучинге жизни (особенно в йоге, в навыках ведения переговоров или в установлении знакомств и отношений), если Вы серьезно относитесь к этому, то вы можете написать лично мне на электронную почту на адрес: theinteriorlight@gmail.com. Максимальный размер сообщения 2-3 абзаца. Я с удовольствием отвечу Вам, когда у меня будет свободное время. Тем не менее, как только ассимиляция полностью завершится чтением и применением на практике методов этой книги, Ваши внутренние возможности будут полностью активированы. Вы будете полностью контролировать себя и свою жизнь, больше улыбаясь, распространяя в этой вселенной больше позитивной энергии, доброты и любви. Вы стали светом.

«НАМАСТЕ»

Моя душа дорожит Вашей душой.
Я дорожу тем пространством Вашей души, в
котором отведена частичка для меня.
Я дорожу светом, любовью, истинной и миром,
царящими внутри меня.
Разделяя эти взгляды, мы становимся едины, но
при этом индивидуальны.